Jules LE TEURTROIS

DIRECTEUR DE LA « GAZETTE BÉARNAISE »

# LE SOUCI DE MIRETTE

## FANTAISIE EN VERS

### POUR LE CHATEAU DE GRUVILLE

EN NORMANDIE

*Représentée pour la première fois à Pau*

AU GRAND SALON DE L'HÔTEL GASSION, EN 1892

*A Toi... ne cherche pas*
*Tu sais pour qui, si ton cœur*
*bat encore.*

TARBES

IMPRIMERIE DE J.-A. LESCAMELA

1893

À mon très cher
confrère, comme écrit
à mon cher confrère ami
c'est par difficile
un dannie de un
en quelquement même en dix lignes
de lithographie.

Jules [illegible]

Jules LE TEURTROIS

DIRECTEUR DE LA « GAZETTE BÉARNAISE »

# LE SOUCI DE MIRETTE

### FANTAISIE EN VERS

## POUR LE CHATEAU DE GRUVILLE

### EN NORMANDIE

*Représentée pour la première fois à Pau*

Au Grand Salon de l'Hôtel Gassion, en 1892

*A Toi... ne cherche pas.*
*Tu sais pour qui, si ton cœur*
*bat encore.*

## TARBES

IMPRIMERIE DE J.-A. LESCAMELA

1893

# PERSONNAGES :

Alain, page................. M<sup>lle</sup> HARZÉ, du grand théâtre.
Pierrot, meunier............ Félix RONSERAIL.
Le Berger, oncle de Mirette. .  Gaston CAZAUX.
Mirette, pastoure............ M<sup>lle</sup> E. MARY, du grand théâtre.

# LE SOUCI DE MIRETTE

DÉCOR

Dans le fond, un pont sur un ruisseau ; à droite, banc de mousse sur lequel
se trouvent un pot de cidre et un verre.

LA SCÈNE SE PASSE EN NORMANDIE AU XVᵉ SIÈCLE

## SCÈNE I.

*Alain et Pierrot entrent bras dessus-dessous, Pierrot à droite.*
*Ils arrivent ainsi jusqu'au second plan. Alors, comme*
*continuant une conversation commencée, Pierrot demande :*
*Et tu dis qu'elle est belle ? En écoutant Alain, qui s'avance*
*vers le premier plan, Pierrot approche aussi vers la rampe.*

PIERROT

Et tu dis qu'elle est belle ?

ALAIN

Ainsi que la fleur rose
Du pommier qui neigeait sur le grand bœuf morose ;
La beauté de la pêche au clair soleil fondant,
Celle de la colombe, aux baisers répondant
Par des cris amoureux et des petits coups d'ailes.

PIERROT

Ces belles-là, mon cher, sont rarement fidèles.
L'amant guette ; il les prend... Leur cœur ?... duvet au vent,
C'est le rayon fuyant au verrou de l'auvent ;
C'est la neige qui fond et la flamme fragile.
    *Il va sur le banc de mousse.*
Tiens ! j'aime mieux mon cidre en ce vieux pot d'argile.
    *Il boit un plein verre de cidre et continue son discours.*
J'en bois tant que j'ai soif ; tant que j'ai soif encor ;
Et quand je n'ai plus soif, je chante comme un cor
Qui ne rend que du vent. Et tu dis qu'elle est belle ?

ALAIN

Ainsi que Notre Dame et la mère Cybèle,
Peintes sur les vitraux du vieux salon d'honneur,
Où le maître vieillit dans le parfait bonheur.

PIERROT

Tu l'aimes en aveugle.

ALAIN

     En dévot, lorsque l'âme
Voit son Ange gardien dans la magique flamme...
Ne l'aperçois-tu pas, devant tes yeux moqueurs,
Ainsi que les Ariels dans les idéals chœurs,
Sur fond d'or et d'azur des chapelles antiques
Où les vierges s'en vont gazouillant des cantiques ?

PIERROT

J'en doute.

ALAIN

    O naïf ! Tiens, reprends ta gourde et bois ;
Grise-toi, bois encore, ainsi que le hautbois
Boit l'amoureuse gamme aux lèvres de l'artiste,
Et regarde, là-haut ! dans ce flot d'améthyste,
Tu la verras passer, comme Marie enfant,
Quand, au loin, Gabriel sonnait de l'olifant.

PIERROT
Passe à gauche.

Sornettes ! songes creux ! ces pataudes sottises !
Le diable te possède et souffle ses hantises.
Laisse la péronnelle avec sa voix d'oiseau,
Je ne sais quoi pleurant sur son maigre fuseau.
Viens-t-en au cabaret ; le cidre est plein de perles.
C'est du soleil fondu bon à griser les merles.
La meilleure folie est de boire à grands coups
En écoutant chanter la cloche et les coucous,
Et je ne connais point de lèvre plus lascive
Que la lèvre du verre où la liqueur...

ALAIN
Lessive

Bonne au plus à purger.

#### PIERROT

Triste affamé de chair,
Boire ! c'est le plaisir le plus doux, le plus cher.

#### ALAIN

Aimer... ou bien mourir.

#### PIERROT

Bonsoir ! je trotte.
Fort bêtes sommes-nous... A chacun sa marotte !
A toi le fol amour.... A moi la folle ivresse,
La bouteille remplie est ma belle maîtresse.

#### ALAIN

Non..Laisse-moi rêver... je préfère souffrir.
Mirette est mon agnelle.

#### PIERROT

*Il prend Alain par le bras et l'entraîne. Alain marche
comme à regret. Pierrot tient alors la droite.*

Allons boire et mourir,
Mais pour une heure ou deux... Allongés sous la table,
Tu songeras du ciel, et moi... de mon étable.
Viens-tu, nigaud ?

*Ils sortent à droite.*

## SCÈNE II*

*Mirette arrive en filant par la droite. Elle chante :*

### BALLADE

**(Musique d'André Janssen.)**

Et la dame d'Ourville, à la pâleur du jour,
S'en allait par les champs, sans chiens, sans équipage,
Cherchant le bel Alain, son écuyer, son page.

Ah ! l'amour
C'est bien lourd,
Mes brebis, mes agnelles !
Dès qu'il s'en vient, il fuit, il court,
Tous les amants sont infidèles.
Gardez-vous de l'amour,
Mes brebis ! mes agnelles !

Sous les pommiers en fleur, le cœur féru d'amour,
Le page l'attendait, comme on attend l'étoile,
Dans sa fièvre d'aimer, dans sa pâleur de toile.

        Ah ! l'amour, etc.

La dame vint trop tard, et tout bonheur est court ;
Le page est dans la terre, et la dame, infidèle,
Aime un autre écuyer dans la sombre tourelle.

        Ah ! l'amour, etc.

**MIRETTE**

*S'arrête sur le pont et regardant du côté des coulisses.*

        Alain ne m'entend pas ;
C'est bien lui. Dans les champs, il marche à petits pas.
Avant que sur le flot l'étoile ne se baigne,
Le verrai-je celui qui sur mon âme règne ?
L'entendrai-je chanter la ballade du soir,
Quand les grillons frileux cricrieront leur bonsoir ?
Entendrai-je son cœur battre et sa voix trembler ?...
Aux anges mes amis je voudrais ressembler
Pour qu'il m'aimât toujours... Mais on vient, partons vite,
Mon cœur a besoin d'air et la brise m'invite.

*Elle sort à droite en reprenant sa chanson.*


SCÈNE III

*Alain et Pierrot entrent. Alain à droite, Pierrot un peu gris.*

**PIERROT**

Chante encor ta chanson, elle me pâme, ami !
Ainsi que sur un sein l'agnelet endormi
Chante.

**ALAIN**

*Il chante.*

        Mirette est la sœur des amours,
        Mirette est sainte Geneviève :
        Dont les yeux roux, au doux velours,
        Nous plongent l'âme dans le rêve.
            Mirette ! Mirette !
            C'est ma fauvette,
            Mirette ! Mirette !
            Ma bergerette...

C'est mon cœur qui s'est dédoublé,
Comme le grain dans un épi de blé.
Mirette !
C'est ma fauvette,
Mon agnelette,
L'étoile de mes nuits, le soleil de mes jours,
Mirette, Mirette est la sœur des amours !

### PIERROT

Tu chantes comme Alain Chartier, ce maître myre
Que la reine embrassa. Beau page, je t'admire !
Donne-moi ta chanson pour la chanter demain,
Sous la verte tonnelle où fleurit le jasmin.
Je noierai ma paresse au fond des étroits verres,
Pour ne pas écouter tes prêchades sévères ;
Donne-moi tes couplets....

### ALAIN

Prends, chante, enivre-toi :
Mirette est l'alouette arrêtée à mon toit.
La veux-je ?.... elle s'enfuit.

### PIERROT

Vous, bouteille adorée,
Vous ne me fuyez pas.... Toujours pleine et dorée,
Je veux boire toujours ; et toujours plus épris,
Je vois or et soleil quand vous me rendez gris.

### ALAIN

Adieu ! je vais chasser.

### PIERROT

Chasse Mirette.... et tire.
Moi j'ai peur de la femme et je fuis mon martyre.

*Alain part vers le fond. Pierrot l'accompagne jusqu'auprès
du pont, puis revient au premier plan.*

## SCÈNE IV

**PIERROT**

Voyons cette chanson...

*Il fredonne celle d'Alain.*

Mirette est la sœur des amours,
Mirette est sainte Geneviève,
Dont les yeux roux, au doux velours,
Nous plongent l'âme dans le rêve.
Mirette ! Mirette !...

## SCÈNE  V

*Mirette arrive par le pont alors que Pierrot chante la chanson
d'Alain. Elle s'arrête, écoute surprise, puis vient en scène.*

**MIRETTE**

Quel est cet air, gémi
A l'heure où le grillon dans l'âtre est endormi ?
Je pensais qu'un crapaud soupirait sur la rive.

**PIERROT**

Aux chansons du berger la pastourelle arrive.
Je chante, noble amour ! la chanson qu'au soleil
J'ai pour vos yeux tissée avec un lin vermeil.

**MIRETTE**

Sans gasconner, ces vers sont de votre cervelle ?

**PIERROT**

Comme si cette rime était pour moi nouvelle !

**MIRETTE**

Je la croyais d'Alain.

**PIERROT**

D'Alain le fauconnier ?
Quoi ! de cet imbécile... Alors, j'aime mieux nier
Que je fus quinze mois moniteur à l'école ;
Que je lis le psautier de ma tante Nicole,

Et que j'ai de bons yeux, comme mes saints aïeux,
Pour voir le Paradis briller dans vos grands yeux.
Je vous aime.

MIRETTE

Tant pis.

PIERROT

Qu'est-ce à dire ? Charmante,
Mon âme en prend sur l'heure une peine alarmante.
J'en suis plus blanc encor : mon sang se change en lait ;
Ce tantôt vous pleuriez quand Alain s'en allait.

MIRETTE

Chut ! parlez bas.

PIERROT

Quoi donc ?

MIRETTE

On vient.

PIERROT

Hé ! que m'importe !

MIRETTE

Si c'était mon Alain ?

PIERROT

Que le diable l'emporte !
Attendez, je vais voir.

*Il remonte.*

MIRETTE

Allez !

*Pierrot s'éloigne vers la droite. Mirette fait quelques pas à
gauche.*

PIERROT

Avec douleur
Je m'en vais au soleil retrouver la soûleur
De vos yeux chatoyants.

15

MIRETTE

Partez, c'est mon vieil oncle.

PIERROT

Celui-là, sur mon dos, pèse comme un furoncle.

*Il sort à droite.*
*Le berger arrive sur le pont et vient au-devant de Mirette.*

## SCÈNE VI

LE BERGER

Vous voilà réveillée ainsi que le bouvreuil
Dont la coquette aubade aux anges fait accueil.
Qu'avez-vous ? mon enfant... quelle invisible pluie
A laissé dans vos yeux le souci ? Mon ouïe
Entend le clapotis d'un cœur tout baigné d'eau ?

MIRETTE

Je n'ai rien, vieil ami !

LE BERGER

Ce rien, mince rideau,
Ne voile pas vos yeux. Je pressens un mensonge ;
Je lis dans vos soucis ainsi que dans un songe.
Vos yeux ont la cernure... ils ont pleuré, tantôt.
Myrrha, ne pleurez pas, le mal vient assez tôt.
Je veux savoir. Parlez.

MIRETTE

J'ai... j'ai...

LE BERGER

Etes-vous lasse
D'avoir filé le lin ? A-t-on pris votre place
Près de notre maîtresse ? A-t-on, au vieux lavoir,
Ri de vous, dont la vie est un humble devoir ?

MIRETTE

Non !

LE BERGER

Est-ce qu'une guêpe, en vous sachant si fraîche,
Voyant à votre lèvre et la rose et la pêche,

A, s'affolant d'amour, oublié ses essaims,
Et piqué, comme un lys, la perle de vos seins ?

MIRETTE

Non, non ; je meurs.

*Ils avancent tous deux vers la gauche.*

LE BERGER

		Parlez, chère petite.
Venez sous ce berceau de verte clématite.
Dites-moi, qu'avez-vous ?

*Ils s'assoient, le berger prend les mains de Mirette et la regarde*
*bien dans les yeux.*

MIRETTE

		Je crois souffrir d'amour.

LE BERGER

On en souffre la nuit, on en guérit le jour.
C'est une dent gâtée... on l'arrache, et, mazette !
Il ne faut pas laisser, comme dans la noisette,
Entrer l'amour, ce ver qui nous mange tout cru,
Pour avoir en ce gueux si naïvement cru.

MIRETTE

Vous avez raison, mais....

LE BERGER

			Ce long mais me chiffonne ;
Je voulais vous répondre, et je deviens aphone
Ainsi que mon curé quand il parle latin.
Je comprends qu'on vous aime en voyant le satin
De votre cou taillé dans un doux bloc de neige.
Ah ! que ne suis-je Alain !... Mon bon Jésus ! que n'ai-je
Mes vingt ans flamboyants, et du sang plein ma peau,
O ma mie ! et ton cœur comme un charmant appeau.

MIRETTE

Oncle, vous le savez, je suis ensorcelée.
Mon âme aux doux espoirs reste toujours célée.

LE BERGER

Pourquoi ? L'on t'aime....

MIRETTE

C'est la bonne raison
Pourquoi le noir souci fleurit dans ma maison.

LE BERGER

Je n'y comprends rien, rien....

MIRETTE

Savez-vous qu'Opportune
La sorcière, a prédit : « Jamais bonne fortune
N'entrera dans ton cœur, à moins que ton ami
Ne soit pour un instant ton plus grand ennemi. »
Alain m'aime, c'est vrai ! et plus je le querelle,
Plus il prend avec moi des airs de tourterelle.

LE BERGER

Va, tu le fâcheras si tu masques ton cœur
Et laisses sur ta lèvre une amère liqueur
Qui grise ton ami, le fascine et l'enchante.
Surtout, rends-le jaloux ; sois femme, sois méchante,
Tu le verras pâlir, rugir et blasphémer,
Car l'homme le meilleur sait mieux haïr qu'aimer.
Laisse-moi, le voici....

*Le berger se lève. Mirette le suit. Ils remontent jusqu'au chemin qui conduit au pont, puis lentement le berger s'en va.*

## SCÈNE VII

*Alain arrive par la droite. Mirette descend un peu, suivie d'Alain.*

ALAIN

Bonjour, ma tourterelle.

MIRETTE

Bonjour.

ALAIN

Le mot est court.

MIRETTE

Chercheriez-vous querelle ?

ALAIN

Saint Loup m'en garde !

MIRETTE

Alors, que voulez-vous ?

ALAIN

Respirer en passant la rose de vos lèvres.

MIRETTE

Eloignez-vous, Monsieur ! vous me donnez les fièvres.

ALAIN

Vous m'appelez Monsieur ! ne suis-je plus Alain ?
Cet amoureux choisi qui mettait sur vélin
Sa passion, et qui....

MIRETTE

Bonsoir ! cher...

*Elle remonte.*

ALAIN

Moquerie !
Toute ma chair a faim... Après vous mon cœur crie.
Ce matin vous m'aimiez...

MIRETTE

J'étais dans le sommeil.

ALAIN

N'ai-je donc pas baisé le satin si vermeil
De votre chair en fleur où la caresse est mûre ?
Et votre joue était, sous ma lèvre, une mûre
Que j'écrasais, lorsque les mots mouraient figés.
Les plus heureux, parfois, sont les plus affligés.

MIRETTE

On rêve, on se réveille.... On oublie.

ALAIN

Ah ! perfide...
Non. Tu ris, n'est-ce pas, de ma cervelle vide
Qui ne trouve plus rien de doux et de nouveau ?

MIRETTE

Bonsoir, Alain ! je vais faire paître le veau.
C'est l'heure où le sainfoin déborde de rosée.

ALAIN

Reste encore, Mirette. Un instant reposée,
Tu t'en iras aux feux du beau soleil couchant
Quand les bœufs reviendront de labourer le champ.

MIRETTE

Adieu !

*Elle se retire et monte sur le pont.*

ALAIN

Je me noierai.

MIRETTE

Tant pis !

ALAIN

Reste, Mirette !

MIRETTE

Adieu, bel amoureux... chante sous la coudrette,
Ainsi que le dindon.

ALAIN

Je t'aime et je te veux.

MIRETTE

Allez ! beau merle, au loin, siffler vos chauds aveux :
La douleur de l'amour est la moins indiscrète.
Adieu ! volcan d'amour, chantez sous la coudrette
Comme un corbeau transi, comme un crapaud brûlant
Qui chasse sa crapaude, et dans un bel élan
Saute sur un tilleul.

ALAIN

Je t'aime, je t'adore.

MIRETTE

Vieille chanson, Alain.

ALAIN

Et bien nouvelle encore,

Quand on aime une amie autant que le bon Dieu,
Quand on mourrait pour elle en souriant.

**MIRETTE**

Adieu !

*Elle s'enfuit. Alain court après.*

## SCÈNE VIII

*Pierrot arrive par la droite en chantant.*

**PIERROT**

Je te cherche, Mirette ! et je bâille à la lune,
Tel qu'un brochet pâmé sur une chaude dune.
Serai-je veuf avant d'avoir eu femme à moi ?
J'en ai la fièvre froide et je suis en émoi.
Je ressemble au buveur sans verre et sans bouteille,
Ou, sans rose et sans miel, une craintive abeille
Cherchant le lys perdu... Mais, j'ai ma guérison
Sous la main... le bon cidre est un calme-raison,
Et je veux raisonner...
*Il sort à gauche.*

## SCÈNE IX

*Mirette et le berger arrivent par le fond. Le berger à droite.*

**LE BERGER**

Pourquoi pleurer ?

**MIRETTE**

J'enrage.

**LE BERGER**

Bast ! la rose est plus belle après le court orage.
Quoi ! tu pleures, mignonne ! et penses tout perdu ?
Aux cieux bleus de l'espoir mets ton cœur éperdu.
Alain t'aime... il fait bien. Patience ! ma mie,
Fais-le souffrir un peu.

**MIRETTE**

Son âme est l'ennemie
Des querelles d'amour.

**LE BERGER**

Rends-le jaloux.
Enfant ! les passions, ce sont de ladres loups.

Prends-le par son orgueil ; sois femme, sois coquette,
L'homme le plus blasé se met toujours en quête
De l'amour qui le fuit... Mais, j'aperçois Pierrot
Loin de la tonne pleine et du succulent rôt.
Voilà l'ange gardien, aux ailes écourtées,
Aux paroles de miel par toi mal écoutées.
Ne le fuis pas ! approche, et laisse-le jaser ;
Même devant Alain qu'il puisse t'embrasser.
Fais que ton amoureux soit jaloux à se tordre.
Mignonne ! mieux encor : mets un peu de désordre
A ce corset, cloison que nul regard humain
N'a percé, ni sur qui nulle insolente main
N'a pesé sottement. Paix ! ma dolente agnelle,
Pierrot n'est pas un loup à morsure cruelle.

> *Le berger sort à droite. Pierrot entre à gauche.*


## SCÈNE X

### PIERROT

La voilà ! mon amour... Venez, chère brebis,
Le soleil dans vos yeux a trop mis de rubis ;
Venez causer à l'ombre, merlette de mon âme,
Je suis comme un tison de la Saint-Jean en flamme ;
Sous ma face de neige il court un ardent feu...
Si vous me repoussez, on dira bientôt : « Feu
Pierrot, Joseph Pierrot, qui mourut, non de boire,
Mais du grand mal d'amour d'avoir eu le déboire. »

### MIRETTE

Vous m'aimez ?

### PIERROT

                Jarnibleu ! comme l'enfant le sein
Où ruisselle un flot blanc, magique et toujours sain ;
Comme on aime le cidre où le sucre fermente ;
Comme on aime, à vingt ans, une angélique amante.
Moi, je vous aime ainsi qu'on aime les pommiers
Où niche la mésange, où chantent les ramiers ;
Ainsi que Monseigneur aime sa bonne lance,
Et messire l'abbé le vin pris en silence.
Je vous aime.

> *Il se met à genoux.*

**MIRETTE**

Tant mieux.

**PIERROT**

O joie !

**MIRETTE**

*A part.*

Attends un peu.

*Haut.*

Et vous serez fidèle ?

**PIERROT**

On fait ce que l'on peut
Quand on a bonne envie, et j'ai soif de vos charmes.
Tenez, entendez-vous ? nos cœurs font des vacarmes
A troubler l'oraison des bons bénédictins
Qui, pour dire matines, ont chaud tous les matins.

**MIRETTE**

*A part.*

Enfin, je vois Alain.

*Alain paraît sur le pont, il s'arrête et écoute.*

## SCÈNE XI

**MIRETTE**

Continuez.

**PIERROT**

Avec joie,
Mon cher cœur, dont la joue est tout satin et soie.
Permettez que je pose, ainsi qu'un papillon,
Ma lèvre à votre épaule et laisse un chaud sillon.

**MIRETTE**

Faites vite, m'ami !

*Pierrot l'embrasse.*

**PIERROT**

Je meurs... Adieu ma ferme.

**MIRETTE**

Recommencez encor, plus longtemps et plus ferme.

PIERROT

Je défaille.

MIRETTE

Allez donc !

PIERROT

Vous me grisez, m'amour !
Mon cœur, sous ce baiser, roule comme l'Adour.

ALAIN

*A part.*

Cauchemar... Suis-je fou ?...

PIERROT

*A part.*

Quelle chaude commère !
Jamais défunt papa ne caressa ma mère
Avec autant de joie.

MIRETTE

Hé bien ! vous parlez bas ?
Vous feriez mieux, mon cher, de me prendre en vos bras.

PIERROT

Dans vos bras, dans mes bras... ô divine fortune !

MIRETTE

Suis-je laide à laisser ?... Viens au clair de la lune,
Mon ami Pierrot... viens.

ALAIN

*A part.*

Mes jambes sont de plomb.
Mon cœur s'évanouit.

PIERROT

J'ai perdu mon aplomb.
Mais, pour me retenir, j'ai ce rosier où pousse
La rose la plus belle et la plus fraîche pousse ;
Cette taille de mouche et ce corset si mûr,
Que je puis y dormir comme à l'ombre d'un mur.
Mirette ! sois ma femme et je serai ton homme
Durant toute la vie. Si le Saint-Père, à Rome,
A dit la vérité, là-haut ! en Paradis,
Avec vous je veux être un saint des plus hardis.

MIRETTE

Embrasse-moi, m'ami !

PIERROT

Mille fois plutôt qu'une,
Et que tous les jaloux embrassent leur chacune.

*Il l'embrasse.*

## SCÈNE XII

*Alain descend et d'un bond saute sur Pierrot, qui est à
droite. Alain entre Mirette et Pierrot. Mirette s'enfuit.
Alain reste à gauche.*

ALAIN

Coquin ! triple coquin ! Ah ! je te vais confondre.

PIERROT

Ouf ! j'aurais préféré te voir rouler et fondre
Dans ce ruisseau qui chante.

ALAIN

Ainsi, tu me trompais ?

PIERROT

Ne criez pas si fort, les buissons sont épais ;
On peut être caché, le diable peut entendre,
Et les femmes pour nous n'ont pas la langue tendre.
Je jure que je suis innocent comme un bœuf.
Et comme un coq normand échappé de son œuf.
J'aime ; j'en ai le droit.... et quand Mirette même
M'aime, ne puis-je aussi lui prouver que je l'aime ?
Toi, tu l'as fait, Alain ! Tant pis, si son choix fait
Sur moi, sur moi, mon cher, ne t'a pas satisfait !

ALAIN

Coquin ! va-t-en, ou je.....

PIERROT

Quoi, votre âme est jalouse,
Et vous me voudriez rouler sur la pelouse ?
Je préfère partir ; j'ai soif, et mon gosier
N'est pas, comme le vôtre, un chalumeau d'osier.

Au fait ! prenez Mirette, à moins que l'enjôleuse
Ne préfère dormir sur mon âme frileuse,
Car vous êtes bien maigre et n'avez que la peau
Et la folle gaîté d'un amoureux crapaud.

ALAIN

Tais-toi ! va-t-en !

PIERROT

   Très bien... Je pars, mais je proteste.
Puisses-tu, cher Alain, être pris par la peste !

ALAIN

Au diable !

PIERROT

   Au diable, soit, si son cidre est piquant,
Accompagné de tripe à la mode de Caen !


## SCÈNE XIII


ALAIN

Qu'il soit saisi, le traître ! au soir par la pépie.
Parlons bas, car Mirette en ce buisson m'épie.
Je l'aime, malgré tout, je l'adore et j'en meurs,
Malgré mes sens jaloux et toutes leurs clameurs.

  *Il aperçoit Mirette qui va dessous par le pont ; il court, la
  saisit et la ramène en scène.*


## SCÈNE XIV


ALAIN

Reste, mignonne amie, et prête les oreilles.
Les douleurs que je sens sont douleurs sans pareilles.
Je t'aimais ! je t'aimais ! et tu trompes mon cœur,
Dont tu fus si longtemps l'adorable vainqueur.

MIRETTE

 *A part.*

Il ne se fâche pas — ô malechance extrême !

ALAIN

Quoi ! tu chéris Pierrot à la figure blême,

Tu choisis un meunier, un pataud, un manant,
A la face lunaire, un carême-prenant,
Un ventre plein de son, une outre de farine,
Qui, dans le cidre doux, chaque matin marine.

MIRETTE

*A part.*
Allons donc, fâche-toi !

ALAIN

Un pot toujours percé
Qui boit, même de l'œil, le cidre non versé.
Madame aime le blanc ?

MIRETTE

Eh bien ! oui.

ALAIN
Ribaude !

MIRETTE

Tant mieux !

ALAIN

Et la voisine en son logis clabaude.

MIRETTE

Tant pis !

ALAIN

C'est vrai ! tant pis ! tu mens effrontément.
C'est en vain que l'agneau baisse le front et ment.
Tu railles, je le sais. Tu railles, je le jure,
Et d'aimer ce Pierrot tu n'épargnes l'injure.

MIRETTE

Je l'aime, il est si doux !

ALAIN

Et si blanc et si sain
Qu'il ressemble, ma chère, à l'huile de ricin !
Pouah !

MIRETTE

*A part.*
Pas de colère !

ALAIN

Approche, et viens sans crainte,
Comme au soleil levant, prête dans mon étreinte

Et ton front et ta lèvre, aux amoureux frissons,
Et ta nuque où le vent mèle les blonds frisons.
Toi ! me tromper, jamais ! j'en jure sur Saint Gilles
Mon patron, que tu n'as lancé tes pieds agiles
Que pour me retrouver, pantoisant, affamé,
Alarmé sottement de n'être pas aimé.

MIRETTE

*A part.*

Son calme me révolte ! Attends, agneau bonasse !

*Haut.*

Oui, j'aime mon Pierrot, je brave ta menace.
Pierrot, c'est mon ami ! Pierrot, c'est mon amant !
Je mourrais dans ses bras, en ce divin moment
Où tu viens, sans pitié, me coasser ta plainte.
Fi ! des galants toujours prêts à pleurer complainte !

ALAIN

Mensonge et comédie ! A ton front la rougeur
Est collée, et je vois que ton cœur est rageur.
Tiens ! ta guimpe est gonflée et bat comme une vague.
Tu pâlis de dépit et ta langue extravague....
Ah ! tu te veux venger d'un ce je ne sais quoi....
En le cherchant, en vain mon esprit reste coi.
Mal tu mens, je le sais, car ta lèvre est trop pure
Et la perversité n'y mit pas sa hâlure ;
Tes yeux bleus sont si clairs que j'y vois ton penser,
Ton front si frais encor, que j'y sens mon baiser.
Tu caquettes, chérie ! et siffles comme un merle.
Le brouillard du péché n'a pas terni ma perle.

MIRETTE

*A part.*

O douleur insensée ! il m'aime follement ;
Lorsque je veux sa haine, il charme mon tourment ;
Je veux qu'il me haïsse... Accourez à mon aide,
Saintes du Paradis ! n'est-il pas de remède
Aux désespoirs d'amour ?....

ALAIN

                        Aime-moi.... viens tout près,
Ainsi que des chevreaux bondissant dans les prés.

**MIRETTE**

*A part.*

J'ai trouvé mon idée....

*Haut.*

Ah ! jamais plus, beau page,
Jamais plus je n'irai dans ton fol équipage ;
J'épouserai Pierrot, mon maître et mon seigneur,
Qui fait de si beaux vers, monsieur le dédaigneur
Des talents du prochain....

**ALAIN**

Lui ! Pierrot, un poète,
Comme François Villon et comme l'alouette....
Il ne sait pas écrire....

**MIRETTE**

Est-il donc bien besoin ?

**ALAIN**

Oui, pour faire rimer le sainfoin avec foin.

**MIRETTE**

Alors, cette chanson :

« Mirette...
» C'est l'alouette, » etc.

**ALAIN**

Est mienne, n'en déplaise
A ce beau damoiseau, plus bête encor que Blaise,
Qui, pour rester garçon, se fit moine et mourut.

**MIRETTE**

Quoi ! cette chanson-là, c'est celle d'un bourru ?
Il est vrai que je l'ai très à la hâte lue ;
J'avais, mais j'en conviens, sûrement la berlue.
Ces vers sont chevillés, ils dansent de travers.

**ALAIN**

Les avez-vous bien lus ?

**MIRETTE**

A l'endroit, à l'envers.

ALAIN

Les avez-vous compris ?

MIRETTE

Si bien que ma mémoire
Reste chargée encor de ce piteux grimoire.

ALAIN

Vous dites vrai ?

MIRETTE

Très vrai !

ALAIN

Donc, mes vers sont mauvais ?

MIRETTE

Si vous les relisez, à l'instant je m'en vais.

ALAIN

Alors, je suis pour vous un parfait imbécile ?

MIRETTE

Puisque vous le pensez, le taire est difficile.

ALAIN

Je vous croyais moins sotte.

MIRETTE

*A part.*

Enfin !

ALAIN

Et plus d'esprit.

MIRETTE

Moins de folie...

ALAIN

Et puis ?

MIRETTE

Après tout, c'est écrit.
Pierrot n'écrit pas tant, il se fait mieux comprendre.

ALAIN

Oui, lorsque dans vos bras il se laisse surprendre !

**MIRETTE**

Il est si caressant !

**ALAIN**

Epousez ce trésor,
Ce lécheur de visage et ce stupide azor.

**MIRETTE**

Ça ne vaut-il pas mieux que des rimes étiques,
Faites pour fatiguer les esprits platoniques ?
Elles vous font bâiller.... Je dors rien qu'en pensant
A leur rythme ennuyeux, trop morne et trop berçant.

**ALAIN**

La stupide pataude !

**MIRETTE**

*A part.*

Il se fâche.... Aube heureuse.

**ALAIN**

Epousez ce Pierrot à la face pleureuse,
Ayez beaucoup d'enfants, cornus, manchots, bossus,
Et des diables d'enfer avec bonheur issus.

**MIRETTE**

*A part.*
Cher amant, continue.

**ALAIN**

Et puissiez-vous le faire,
Ce beau Pierrot...

**MIRETTE**

Quoi donc ?

**ALAIN**

Ce qu'en affaire
On appelle trompé.

**MIRETTE**

Ce ne sera point vous
Qui viendrez remplacer mon adorable époux.

ALAIN

Certes, je vous hais trop !

MIRETTE

Oh ! tu me hais ?

ALAIN

Sur l'âme
De mon seigneur et maître, et sur la pure lame
Que je porte au côté.

MIRETTE

Mon Alain, tu me hais ?

ALAIN

Il faut en convenir. Je te hais ! et je vais...

MIRETTE

Alain, embrasse-moi... mets-moi sur ta poitrine,
Car je t'ai fait souffrir, ainsi qu'une coquine,
Car je t'ai fait pleurer, mon trésor sans pareil !
Hélas ! j'avais perdu mon jour et mon soleil.

ALAIN

Tu parles par énigme et je cherche à connaître
Le mot de mon épreuve...

MIRETTE

Inutile, mon maître !
Je vous aime aujourd'hui comme on s'aimait hier ;
On s'aimera, demain, mieux.

ALAIN

C'est vrai, j'en suis fier.

MIRETTE

Tiens, voici mon vieil oncle ; accourez, plus d'épreuve !
Que Dieu nous garde heureux, je ne veux plus de preuve.

## SCÈNE XV

*Le berger sur le pont.*

**LE BERGER**

Il fallait, mon neveu, que la haine entre vous
Durât le seul instant d'un trop court rendez-vous.
Vous savez, maintenant, le poids de la colère ;
Pour être heureux, enfants, faites tout pour vous plaire.
Sur un mot imprudent, qu'un baiser tombe au vent ;
Afin de tout prévoir, embrassez-vous souvent.

> *On entend chanter. Pierrot arrive en trébuchant, il chante :*
> *« Mirette est la sœur des amours... Mirette, Mirette. »*

## SCÈNE XVI

**ALAIN**

Sa chanson.

**MIRETTE**

Non, la tienne, et toujours la pareille
Si quand tu la diras je bâille ou je sommeille.

**ALAIN**

Et Pierrot ?

**MIRETTE**

Pour moi, c'est un naïf ivrogne
Dont l'esprit chancelant aux futailles se cogne.
Demande-lui s'il m'aime.

**ALAIN**

O Pierrot, aimes-tu
La jeunesse et la grâce ?

**PIERROT**

Amen, turlututu.
La femme la plus belle a la beauté du verre.
Ami, je la salue. Ami, je la révère.
Mais dis-lui qu'elle donne à toute heure du jour,
A toute heure de nuit, et l'ivresse et l'amour.

Dis-lui, tiens... je m'assieds, je sens que je détonne,
Que la femme n'est rien près d'une large tonne,
Où l'on boit la folie à plein ventre, à plein cœur,
Quand les esprits du cidre en nous chantent leur chœur.
Bonne nuit, mes amis, l'ivresse est le saint thème.

ALAIN

Qu'en penses-tu, Mirette ?

MIRETTE

Embrasse-moi... Je t'aime !

1892.

TARBES. — J.-A. LESCAMELA, IMPRIMEUR DE LA PRÉFECTURE.